RUDOLF STEINER

Anthroposophischer
Seelenkalender

РУДОЛЬФ ШТАЙНЕР
(Перевод Пьера Ализэ)

Антропософский Календарь Души

К временным данным

Датировка изречений произошла по манускрипту к первому изданию 1912/13 года. На вопрос по поводу смещения дат от года в год Рудольф Штайнер ответил: „Важно то, чтобы всегда с первой строфы к Пасхе было начато." Смещение не означает много, так как он всегда три строфы этих недельных изречений держал в том же самом настрое.

Издание 1994 года

ИЗДАТЕЛЬСТВО РУДОЛЬФА ШТАЙНЕРА · ДОРНАХ/ШВЕЙЦАРИЯ

Предисловие к первому изданию 1912/13 года

Человек ощущает взаимосвязь с Вселенной и ее временными изменениями. Он ощущает проекцию прототипа Вселенной в своей собственной сущности. Однако эта проекция не символически педантичное подражание этому прототипу. Огромная Вселенная в течение времени проявляет нечто, что соответствует удару маятника сущности человека, который проходит не в элементе времени. Человек может чувствовать свою сущность гораздо лучше посредством чувств и восприятия как светом и теплом вытканное летнее естество. Он может ощущать основы бытия в самом себе и жизнь в собственном мире мыслей и воли как бытие Зимы. Таким образом, ритмом внешней и внутренней его жизни становится то, что в природе во временной переменной очередности отображается как лето и зима. Однако, если он приведет соответствующим способом свой безвременной ритм восприятия и мышления в соотношение к временному ритму природы, ему могут открыться большие тайны Бытия. Таким образом, год станет прототипом душевной деятельности человека и продуктивным источником истинного самопознания. В Календаре Души, состоящем из одного года, дух человека находится в таком состоянии, при котором в течение года он может прочувствовать свое собственное душевное ткание созвучным с настроями времен года от недели к неделе в его картине впечатлений. Это говорит о чувственном самопознании. Чувственное самопознание может пережить в данных характерных предложениях недели круговорот жизни души как безвременный во времени. Здесь важно понимать, что речь идет только лишь об одной возможности самопознания. Должны быть даны не «инструкции» по образцу теоретических педантов, а в большей степени указывается на живое ткание души, каким оно однажды может быть. Все, что предназначено для души, принимает индивидуальную окраску. Именно поэтому каждая душа найдет свой путь в отношении индивидуально намеченной. Можно было бы сказать: «Если душа хочет культивировать одну частицу самопознания, она должна медитировать так, как здесь сказано». Но я этого не говорю, так как собственный путь человека должен не педантично подчиняться определенной тропе познания, а черпать вдохновение в Бытии.

Рудольф Штайнер

Предисловие ко второму изданию 1918 года

У годового цикла своя собственная жизнь. Человеческая душа способна прочувствовать эту жизнь, если она откроет себя для восприятия того, что молвит жизнь года неделя за неделей, каждый раз по-разному. Только тогда она сама действительно себя найдет через сопереживание этому. Она почувствует, как у нее возрастут силы, которые укрепят ее изнутри. Душа почувствует, что эти силы хотят пробудиться в ней через участие, которое она может принять в смысловом значении мирового цикла, и как он течет во временной очередности. Лишь через это сопереживание она начнет воспринимать, какие невидимые, но значимые связующие нити существуют между ней и Вселенной, в которой она зародилась. В Календаре Души для каждой недели написано то изречение, которое дает душе пережить нечто, что совершается во время этой недели в части жизни всего года. В этом изречении должно быть выражено, что это жизнь всего года, и в том случае, если душа объединится с ней, даст ей возможность зазвучать. Предполагалось во здравии «чувствовать себя в единстве» с процессами в природе, и отсюда проявившемся сильным убеждением «найти самого себя». В этом видится соучастие души с циклом Вселенной. Только тогда в духе этих изречений есть что-то для души, в чем она чувствует потребность, если она сама себя понимает правильно.

Рудольф Штайнер

Вступительное слово от переводчика
Пьера Ализэ

Обычным состоянием души человека в эпоху Кали-Юги, т.е. в эпоху развития души мысляще-сибаритской, является состояние души человеческой со всеми её человеческими мыслями, чувствами и желаниями. В этом состоянии души мышление, чувства, волеизъявление и поступки человека расходятся со вселенскими, вечными, божественными чувствами, мышлением, волеизъявлением и поступками. Отрешившись от человеческого состояния души человек входит в состояние души божественной, когда его мышление, чувства, волеизъявление и поступки не расходятся со вселенскими вечными божественными. То есть, человек может находится в состоянии души человеческой или в состоянии души божественной, кем он на самом деле по своей сути и является. Состояние души божественной и есть состояние духа, в котором находился каждый истинный пророк, живший на земле, получавший в этот момент божественные откровения. Христос же, в отличии от всех пророков, находился в этом состоянии постоянно, непрерывно. Пророку же необходимо было уединиться, чтобы войти в это состояние: кто-то уходил в горы, кто-то пребывал в пещере, кто-то уединялся в пустыне и т.д.

Все изречения из календаря души были написаны Рудольфом Штайнером в состоянии полного отрешения, т.е. в состоянии души божественной или, иначе говоря, в состоянии духа. Находясь в состоянии души человеческой, мы по-иному переживаем времена года. Эти переживания окрашены человеческим проявлением души, т.е. через призму его человеческого мышления, чувств и волеизъявлений. Войдя в состояние полного отрешения от человеческого, мы начинаем воспринимать то вечное, объективное, божественное проявление.

Рудольф Штайнер – Перевод Пьера Ализэ
Антропософский Календарь Души

Совместная редакция и перевод с немецкого
Пьера и Иты Ализэ

© 2019 Пьер Ализэ

Если ветвь дерева становится лишь потребителем и не предпринимает никаких усилий, чтобы с её стороны ничто не возвращалось обратно к корням этого дерева, таким образом ветвь делает себя не жизнеспособной.
(Пьер Ализэ)

FRÜHLING

A   Oster-Stimmung (7. – 13. April)

1   Wenn aus den Weltenweiten

Die Sonne spricht zum Menschensinn

Und Freude aus den Seelentiefen

Dem Licht sich eint im Schauen,

Dann ziehen aus der Selbstheit Hülle

Gedanken in die Raumesfernen

Und binden dumpf

Des Menschenwesen an des Geistes Sein.

BECHA

A   Пасхальный Настрой (7 – 13 апреля)

1   Когда из мировых пространств

Глаголит солнце восприятью человека,

И радость из глубин душевных

Соединяется со светом в созерцаньи,

Тогда потянутся из оболочки самости

В пространства дали мысли,

В тиши Вселенной связывая

Человека сущность с духобытием.

B   Zweite Woche (7. – 13. April)

2   Ins Äussre des Sinnesalls
Verliert Gedankenmacht ihr Eigensein;
Es finden Geisteswelten
Den Menschensprossen wieder,
Der seinen Keim in ihnen,
Doch seine Seelenfrucht
In sich muss finden.

Б   Вторая неделя (14 – 20 апреля)

2   Во вне воспринятого мира
Власть мыслей самобытие своё теряет;
Опять найдут духовные миры
От человека отпрыск,
Который свой зачаток в них отыщет,
А свой же плод душевный
В себе должен найти.

C   Dritte April-Woche (14. – 24. April)

3   Es spricht zum Weltenall,
Sich selbst vergessend
Und seines Urstands eingedenk,
Des Menschen wachsend Ich:
In dir, befreiend mich
Aus meiner Eigenheiten Fessel,
Ergründe ich mein echtes Wesen.

B   Третья неделя (21 – 27 апреля)

3   Забыв себя,
Своё прасостоянье помня
Взрастая человека «Я»
Вселенной говорит:
„В тебе себя освобождая
Из самости своих оков
Свою я истинную сущность познаю.“

D Vierte Woche (25. April – 4. Mai)

4 Ich fühle Wesen meines Wesens:
So spricht Empfindung,
Die in der sonnerhellten Welt
Mit Lichtesfluten sich vereint;
Sie will dem Denken
Zur Klarheit Wärme schenken
Und Mensch und Welt
In Einheit fest verbinden.

Г Четвёртая неделя (28 апреля – 4 мая)

4 «Я чувствую суть сущности своей», –
Так молвит ощущение,
Что в мире, озарённом солнцем,
Соединяется с потоком света;
Оно мышленью хочет подарить
Для ясности тепло,
И мир, и человека
Соединить в единстве крепко.

E   Fünfte Woche (5. – 11. Mai)

5   Im Lichte das aus Geistestiefen
Im Raume fruchtbar webend
Der Götter Schaffen offenbart:
In ihm erscheint der Seele Wesen
Geweitet zu dem Weltensein
Und auferstanden
Aus enger Selbstheit Innenmacht.

Д   Пятая неделя (5 – 11 мая)

5   В свете, что из глубин духовных,
В пространстве плодотворно ткёт,
Богов творенье открывает:
В нём проявляется сущность души,
Расширенная до бытия Вселенной,
Воскресшая из тесной самости
Всей власти внутренней своей.

F   Sechste Woche (12. – 18. Mai)

6   Es ist erstanden aus der Eigenheit
Mein Selbst und findet sich
Als Weltenoffenbarung
In Zeit- und Raumeskräften;
Die Welt, sie zeigt mir überall
Als göttlich Urbild
Des eignen Abbilds Wahrheit.

E   Шестая неделя (12 – 18 мая)

6   Из своеобразия возникла моя самость
И себя находит, как проявление Вселенной,
В силах пространства и времени;
Мир, как прообраз божий,
Являет мне повсюду
Истину, как оттиск свой.

G   Siebte Woche (19. – 25. Mai)

7   Mein Selbst, es drohet zu entfliehen,
Vom Weltenlichte mächtig angezogen;
Nun trete du mein Ahnen
In deine Rechte kräftig ein,
Ersetze mir des Denkens Macht,
Das in der Sinne Schein
Sich selbst verlieren will.

Ё   Седьмая неделя (19 – 25 мая)

7   Самость моя, она грозит исчезнуть
Светом мира притянутая властно.
Сейчас вступи же ты, моё предчувствие,
В свои права всесильно
И замени мышленья власть,
Которая в воспринятых явлениях
Стремится потерять саму себя.

H   Achte Woche (26. Mai – 1. Juni)

8   Es wächst der Sinne Macht
Im Bunde mit der Götter Schaffen,
Sie drückt des Denkens Kraft
Zur Traumes Dumpfheit mir herab.
Wenn göttlich Wesen
Sich meiner Seele einen will,
Muss menschlich Denken
Im Traumessein sich still bescheiden.

Ж   Восьмая неделя (26 мая – 1 июня)

8   Растёт чувств восприятий власть
С творением Богов в союзе,
И давит вниз мышленья силу
К сонливой глухости его.
И если сущность божья
С моей душою хочет стать единой,
Должно мышленье человека
Смириться в сонном бытие.

I Neunte Woche (2. – 8. Juni)

9   Vergessend meine Willenseigenheit
Erfüllet Weltenwärme sommerkündend
Mir Geist und Seelenwesen;
Im Licht mich zu verlieren
Gebietet mir das Geistesschauen,
Und kraftvoll kündet Ahnung mir:
Verliere dich, um dich zu finden.

3 Девятая неделя (2 – 8 июня)

9   Забыв своеобразность моей воли,
Тепло Вселенной наполняет в предверьи лета
Мой дух и существо души;
Велит мое духовное виденье
Себя мне в свете потерять,
С огромной силою вещает мне предчувствие:
Теряй себя, чтобы себя найти.

K   Zehnte Woche (9. – 15. Juni)

10   Zu sommerlichen Höhen
Erhebt der Sonne leuchtend Wesen sich,
Es nimmt mein menschlich Fühlen
In seine Raumesweiten mit.
Erahnend regt im Innern sich
Empfindung, dumpf mir kündend,
Erkennen wirst du einst:
Dich fühlte jetzt ein Gotteswesen.

И   Десятая неделя (9 – 15 июня)

10   К летним высотам восходит
Солнца сияющая сущность,
Она берёт с собой моё земное чувство
В свои вселенские широты.
Зреет во мне ощущение,
Предчувствуя, смутно вещая:
Однажды ты познаешь сущность Бога:
Что чувствовала тебя сейчас.

L   Elfte Woche (16. – 23. Juni)

11   Es ist in dieser Sonnenstunde
An dir, die weise Kunde zu erkennen:
An Weltenschönheit hingegeben,
In dir dich fühlend zu durchleben:
Verlieren kann das Menschen-Ich
Und finden sich im Welten-Ich.

Й   Одиннадцатая неделя (16 – 23 июня)

11   В сей полный света, солнца час
В божественном весть мудрую познать,
Предавшись красоте Вселенной,
И чувствуя себя в тебе, переживая:
Я-Человека может потерять
И во Вселенной-Я себя найти.

M   Johannes-Stimmung (24. Juni)

12   Der Welten Schönheitsglanz
Er zwinget mich aus Seelentiefen
Des Eigenlebens Götterkräfte
Zum Weltenfluge zu entbinden;
Mich selber zu verlassen,
Vertrauend nur mich suchend
In Weltenlicht und Weltenwärme.

K   Иоаново настроение (24 июня)

12   Сияние красоты Вселенной
Меня толкает из глубин душевных
Жизнь собственную сил божественных
В полёт вселенский отпустить;
Покинув самого себя,
Ищу я лишь себя доверчиво
В вселенском свете и тепле.

N   Dreizehnte Woche (30. Juni – 6. Juli)

13   Und bin ich in den Sinneshöhen,
So flammt in meinen Seelentiefen
Aus Geistes Feuerwelten
Der Götter Wahrheitswort:
In Geistesgründen suche ahnend
Dich geistverwandt zu finden.

Л   Тринадцатая неделя (30 июня – 6 июля)

13   Когда я на пике своих восприятий,
Пылает тогда в глубинах душевных
Из огненных миров духовных
Истины божественное слово:
Ищи, предчувствуя, в основах духа,
Дабы найти себя в родстве с духовным.

SOMMER

O   Vierzehnte Woche (7. – 13. Juli)

14   An Sinnesoffenbarung hingegeben

Verlor ich Eigenwesens Trieb,

Gedankentraum, er schien

Betäubend mir das Selbst zu rauben,

Doch weckend nahet schon

Im Sinnenschein mir Weltendenken.

ЛЕТО

M   Четырнадцатая неделя (7 – 13 июля)

14   Проявленью восприятий чувств предавшись,

Я к сущности своей утратил побужденье,

Сон мыслей показался мне

Пьяняще самости лишая,

И пробуждая, близится ко мне

В явленьи восприятий чувств вселенское мышление.

P   Fünfzehnte Woche (14. – 20. Juli)

15   Ich fühle wie verzaubert
Im Weltenschein des Geistes Weben,
Es hat in Sinnesdumpfheit
Gehüllt mein Eigenwesen,
Zu schenken mir die Kraft,
Die ohnmächtig sich selbst zu geben
Mein Ich in seinen Schranken ist.

Н   Пятнадцатая неделя (14 – 20 июля)

15   Я чувствую, как зачарованный,
В явлении Вселенной духа тканье:
Чрез претупленье восприятий чувств
Оно окутало мою всю сущность,
Чтоб даровать мне мощь и силу,
Которую само себе бессильно дать
В своих границах моё «Я».

Q   Sechzehnte Woche (21. – 27. Juli)

16   Zu bergen Geistgeschenk im Innern
Gebietet strenge mir mein Ahnen,
Dass reifend Gottesgaben
In Seelengründen fruchtend
Der Selbstheit Früchte bringen.

O   Шестнадцатая неделя (21 – 27 июля)

16   Хранить в себе духовный дар,
Повелевает строго мне предчувствие,
Чтоб дарованья божьи созревая,
В душевных недрах плодонося
Для самостности принесли плоды.

R   Siebzehnte Woche (28. Juli – 3. August)

17   Es spricht das Weltenwort,
Das ich durch Sinnestore
In Seelengründe durfte führen:
Erfülle deine Geistestiefen
Mit meinen Weltenweiten
Zu finden einstens mich in dir.

П   Семнадцатая неделя (28 июля – 3 августа)

17   Глаголит слово Вселенной,
Что я, чрез врата восприятий,
Могу внести в недра души:
Преисполни духа своего глубины
Вселенскими широтами моими,
Дабы однажды найти меня в себе.

S   Achtzehnte Woche (4. – 10. August)

18   Kann ich die Seele weiten,
Dass sie sich selbst verbindet
Empfangnem Welten-Keimesworte?
Ich ahne, dass ich Kraft muss finden
Die Seele würdig zu gestalten,
Zum Geisteskleide sich zu bilden.

P   Восемнадцатая неделя (4 – 10 августа)

18   Смогу ли я раскрыть так душу,
Чтобы она соединилась с воспринятым,
Вселенским первородным словом?
Предчувствую, что должен силы я найти,
Чтобы душе придать достойный образ,
И мне одежды духа обрести.

St   Neunzehnte Woche (11. – 17. August)

19   Geheimnisvoll das Neu-Empfang'ne
Mit der Erinn'rung zu umschließen,
Sei meines Strebens weitrer Sinn:
Es soll erstarkend Eigenkräfte
In meinem Innern wecken
Und werdend mich mir selber geben.

С   Девятнадцатая неделя (11 – 17 августа)

19   Таинственно воспринятое новое
Воспоминанием хочу я окружить,
Дабы придать стремленью моему дальнейший смысл:
Он должен, укрепляя собственные силы,
Взрастая, изнутри меня будить
И в становлении давать мне самого себя.

T   Zwanzigste Woche (18. – 24. August)

20   So fühl' ich erst mein Sein,
Das fern vom Welten-Dasein
In sich, sich selbst erlöschen
Und bauend nur auf eignem Grunde
In sich, sich selbst ertöten müsste.

T   Двадцатая неделя (18 – 24 августа)

20   Так чувствую теперь своё я естество,
Что вдалеке от бытия Вселенной,
Своё духовное в себе я если погашу,
На собственной лишь почве строя,
Свою я истинную сущность умерщвлю.

U   Einundzwanzigste Woche (25. – 31. August)

21   Ich fühle fruchtend fremde Macht
Sich stärkend mir mich selbst verleihn,
Den Keim empfind ich reifend
Und Ahnung lichtvoll weben
Im Innern an der Selbstheit Macht.

У   Двадцать первая неделя (25 – 31 августа)

21   Я чувствую, как назревая, власть чужая
Усиливаясь, мне саму себя даёт,
Назревший я зачаток ощущаю,
И ткёт предчувствие, наполненное светом,
В нутре моём самостности власть.

V   Zweiundzwanzigste Woche (1. – 7. September)

22   Das Licht aus Weltenweiten,

Im Innern lebt es kräftig fort,

Es wird zum Seelenlichte

Und leuchtet in die Geistestiefen,

Um Früchte zu entbinden,

Die Menschenselbst aus Weltenselbst

Im Zeitenlaufe reifen lassen.

Ф   Двадцать вторая неделя (1 – 7 сентября)

22   Свет мировых пространств

Во мне жить сильно продолжает,

Он превратится в свет душевный

И светит он в глубины духа,

Чтобы рожденье дать плодам,

Которые со времени созреть дают

Из самости Вселенной человека самости.

23   Es dämpfet herbstlich sich
Der Sinne Reizesstreben,
In Lichtesoffenbarung mischen
Der Nebel dumpfe Schleier sich,
Ich selber schau in Raumesweiten
Des Herbstes Weltenschlaf,
Der Sommer hat an mich
Sich selber hingegeben.

X   Двадцать третья неделя (8 – 14 сентября)

23   По-осеннему приглушается во мне
Стремленье чувств к очарованью,
И смешивает в проявленьи света
Тумана смутные вуали.
И созерцаю в далях я пространства
Сон зимний осени в процессе увяданья,
И лето всё в красе своей себя мне отдало.

X   Vierundzwanzigste Woche (15. – 21. September)

24   Sich selbst erschaffend stets

Wird Seelensein sich selbst gewahr;

Der Weltengeist, er strebet fort

In Selbsterkenntnis neu belebt

Und schafft aus Seelenfinsternis

Des Selbstsinns Willensfrucht.

Ц   Двадцать четвёртая неделя (15 – 21 сентября)

24   Сотворяя себя непрерывно,

Воспринимает бытие души себя;

Дух Вселенной стремится в даль,

В самосознании вновь оживая,

И творит из душевной тьмы

Плод воли смысла своего.

Y Fünfundzwanzigste Woche (22. – 28. September)

25 Ich darf nun mir gehören
Und leuchtend breiten Innenlicht
In Raumes- und in Zeitenfinsternis.
Zum Schlafe drängt natürlich Wesen,
Der Seele Tiefen sollen wachen
Und wachend tragen Sonnengluten
In kalte Winterfluten.

Ч Двадцать пятая неделя (22 – 28 сентября)

25 Себе принадлежать теперь могу я
И свет свой внутренний распространять, светя
Во тьму пространства и времён.
Влечёт ко сну природы сущность,
Но бодрствовать должны души глубины,
И бодрствуя, нести зной солнца
В зимы холодные потоки.

Z   Michaeli-Stimmung

26   Natur, dein mütterliches Sein,
Ich trage es in meinem Willenswesen;
Und meines Willens Feuermacht,
Sie stählet meines Geistes Triebe,
Dass sie gebären Selbstgefühl,
Zu tragen mich in mir.

Ш   Михайлов настрой

26   Природа, материнское бытьё твоё,
Ношу её я в воли сущности своей;
И моей воли огненная власть,
Она порывы духа закаляет,
Чтоб породили чувство самости они,
Дабы нести себя в себе.

HERBST

AA   Siebenundzwanzigste Woche (6. – 12. Oktober)

27   In meines Wesens Tiefen dringen
Erregt ein ahnungsvolles Sehnen,
Dass ich mich selbstbetrachtend finde
Als Sommersonnengabe, die als Keim
In Herbstesstimmung wärmend lebt
Als meiner Seele Kräftetrieb.

ОСЕНЬ

Щ   Двадцать седьмая неделя (6 – 12 октября)

27   В глубины сущности моей проникнув,
Томленье вызывая, полное предчувствий,
Я нахожу себя, самосозерцая:
Как летний солнца дар, который семенем
Живёт в настрое осени, тепло давая,
Как сил порыв моей души.

BB Achtundzwanzigste Woche (13. – 19. Oktober)

28 Ich kann im Innern neu belebt

Erfühlen eignen Wesens Weiten

Und krafterfüllt Gedankenstrahlen

Aus Seelensonnenmacht

Den Lebensrätseln lösend spenden,

Erfüllung manchem Wunsche leihen,

Dem Hoffnung schon die Schwingen lähmte.

Ъ Двадцать восьмая неделя (13 – 19 октября)

28 Воспрянув вновь, в себе могу опять я

Почувствовать широты сущности своей,

И силой преисполненные лучи мыслей,

Из мощи солнечной моей души,

Дарить загадкам жизни, разгадывая их,

Предоставлять возможность исполненья тех желаний,

Надежде коим уж почти сковали крылья.

CC   Neunundzwanzigste Woche (20. – 26. Oktober)

29   Sich selbst des Denkens Leuchten
Im Innern kraftvoll zu entfachen,
Erlebtes sinnvoll deutend
Aus Weltengeistes Kräftequell,
Ist mir nun Sommererbe
Ist Herbstesruhe und auch Winterhoffnung.

Ы   Двадцать девятая неделя (20 – 26 октября)

29   Мышленья свет в себе
Столь сильно разжигаю,
Пережитое осмысленно толкую
Из истока сил духа Вселенной,
И это для меня сейчас наследие лета,
А также осени покой и зимы надежда.

DD Dreissigste Woche (27. Oktober – 2. November)

30 Es spriessen mir im Seelensonnenlicht
Des Denkens reife Früchte,
In Selbstbewusstseins Sicherheit
Verwandelt alles Fühlen sich,
Empfinden kann ich freudevoll
Des Herbstes Geisterwachen,
Der Winter wird in mir
Den Seelensommer wecken.

Ь Тридцатая неделя (27 октября – 2 ноября)

30 В душевном свете солнечном во мне
Ростки пускают плоды созревшего мышленья,
Все чувства обращая
В уверенность самосознанья.
И ощущать могу я в полной радости
Осени духа пробуждение,
И пробудит зима во мне
Лета душевное тепло и свет.

EE   Einunddreissigste Woche (3. – 9. November)

31   Das Licht aus Geistestiefen,
Nach außen strebt es sonnenhaft,
Es wird zur Lebenswillenskraft
Und leuchtet in der Sinne Dumpfheit,
Um Kräfte zu entbinden,
Die Schaffensmächte aus Seelentrieben
Im Menschenwerke reifen lassen.

Э Тридцать первая неделя (3 – 9 ноября)

31 Свет из глубин духовных,
Как солнце, стремится во вне;
Он будет силой жизни, силой воли
И в приглушённом восприятьи светит,
Чтоб силы породить,
Которые творения власти из души порывов
В деяниях человека созреть дают.

FF   Zweiunddreissigste Woche (10. – 16. November)

32   Ich fühle fruchtend eigne Kraft
Sich stärkend mich der Welt verleihn,
Mein Eigenwesen fühl ich kraftend
Zur Klarheit sich zu wenden
Im Lebens-Schicksalsweben.

Ю   Тридцать вторая неделя (10 – 16 ноября)

32   Я силу чувствую свою плодоносящей,
Она, взрастая, миру передаёт меня;
Взращённой сущность чувствую свою,
Что обращает к ясности меня
В твореньи жизненной судьбы.

GG Dreiunddreissigste Woche (17. – 23. November)

33 So fühl' ich erst die Welt,

Die außer meiner Seele Miterleben

An sich nur frostig leeres Leben

Und ohne Macht sich offenbarend

In Seelen sich von neuem schaffend

In sich den Tod nur finden könnte.

Я Тридцать третья неделя (17 – 23 ноября)

33 Так чувствую я мир:

Он без души моей переживаний

Сам по себе – холодная пустая жизнь;

Себя невластно проявляя,

И в душах сызнова себя творя,

В себе лишь может только смерть найти.

34   Geheimnisvoll das Alt-Bewahrte

Mit neuerstandnem Eigensein

Im Innern sich belebend fühlen:

Es soll erweckend Weltenkräfte

In meines Lebens Außenwerk ergießen

Und werdend mich ins Dasein prägen.

34   Прошлое таинственно хранимое

С воскресшим вновь самобытием

Я оживлённо чувствую во мне:

Оно должно излиться, Вселенной силы пробуждая,

Во внешние деяния моей жизни,

И в становлении моём меня в бытии формировать.

II Fünfunddreissigste Woche (1. – 7. Dezember)

35 Kann ich das Sein erkennen,
Dass es sich wiederfindet
Im Seelen-Schaffens-Drange?
Ich fühle, dass mir Macht verlieh'n,
Das eigne Selbst dem Weltenselbst
Als Glied bescheiden einzuleben.

ББ Тридцать пятая неделя (1 – 7 декабря)

35 Могу я бытие познать,
Что вновь себя найдёт
В порыве души моей творения?
Я чувствую, мне власть дана
В смирении самость свою
Вживить звеном в самость Вселенной.

KK   Sechsunddreissigste Woche (8. – 14. Dezember)

36   In meines Wesens Tiefen spricht
Zur Offenbarung drängend
Geheimnisvoll das Weltenwort:
Erfülle deiner Arbeit Ziele
Mit meinem Geisteslichte
Zu opfern dich durch mich.

BB   Тридцать шестая неделя (8 – 14 декабря)

36   В глубинах сущности моей
Таинственно глаголит
И к проявлению вытесняет Вселенной слово:
Наполни цели своих действий
Моим духовным светом,
Чтоб жертвовать собой через меня.

WINTER

LL Siebenunddreissigste Woche (15. – 21. Dezember)

37 Zu tragen Geisteslicht in Weltenwinternacht
Erstrebet selig meines Herzens Trieb,
Dass leuchtend Seelenkeime
In Weltengründen wurzeln
Und Gotteswort im Sinnesdunkel
Verklärend alles Sein durchtönt.

ЗИМА

ГГ Тридцать седьмая неделя (15 – 21 декабря)

37 Внести духовный свет в ночь зимнюю Вселенной
Блаженно сердца моего порыв стремится,
Чтобы ростки душевные сияя
Пускали корни в основании Вселенной,
И слово Бога в мраке восприятий
Как звон пронизывает, преображая бытие.

MM   Weihe-Nacht-Stimmung

38   Ich fühle wie entzaubert
Das Geisteskind im Seelenschoss,
Es hat in Herzenshelligkeit
Gezeugt das heilige Weltenwort
Der Hoffnung Himmelsfrucht,
Die jubelnd wächst in Weltenfernen
Aus meines Wesens Gottesgrund.

MM   Настроение освящённых ночей
(Рождественский настрой)

38   Я чувствую, как после снятий чар
В лоне души младенец духа;
В его сердечной ясности
Святое слово мира породило
Надежды плод небесный,
Который взрастает, ликуя, во вселенских далях
Из сущности моей божественных основ.

39   An Geistesoffenbarung hingegeben
Gewinne ich des Weltenwesens Licht,
Gedankenkraft, sie wächst
Sich klärend mir mich selbst zu geben
Und weckend löst sich mir
Aus Denkermacht das Selbstgefühl.

EE   Тридцать девятая неделя (29 дек. – 4 янв.)

39   Отдавшись проявленью духа,
Вбираю я свет сущности Вселенной.
Во мне взрастает сила мысли,
Мне проясняясь, чтоб себя отдать.
И пробуждаясь, открывается мне
Из власти мышления самостности чувство.

OO   Vierzigste Woche (5. – 11. Januar)

40   Und bin ich in den Geistestiefen,
Erfüllt in meinen Seelengründen
Aus Herzens Liebewelten
Der Eigenheiten leerer Wahn
Sich mit des Weltenwortes Feuerkraft.

ЁЁ   Сороковая неделя (5 – 11 января)

40   И если я в глубинах духа,
Из сердца любви Вселенной
Наполняется в недрах души моей
Пустая иллюзия в своём своеобразии
Огненной силой вселенского слова.

41   Der Seele Schaffensmacht
Sie strebet aus dem Herzensgrunde
Im Menschenleben Götterkräfte
Zu rechtem Wirken zu entflammen,
Sich selber zu gestalten
In Menschenliebe und im Menschenwerke.

ЖЖ   Сорок первая неделя (12 – 18 января)

41   Души творенья власть,
Она стремится из основ сердечных,
Чтоб в жизни человека божественные силы
К истинному действию разжечь,
Самой формироваться
В любви, в творении человека.

QQ Zweiundvierzigste Woche (19. – 25. Januar)

42   Es ist in diesem Winterdunkel

Die Offenbarung eigner Kraft

Der Seele starker Trieb,

In Finsternisse sie zu lenken

Und ahnend vorzufühlen

Durch Herzenswärme Sinnesoffenbarung.

33 Сорок вторая неделя (19 – 25 января)

42   Есть в этой зимней тьме

Собственной силы проявление,

Души порыв могучий

Её во мраке направлять,

Предчувствовать, провидя

Через сердечное тепло чувств проявление.

RR   Dreiundvierzigste Woche (26. Januar – 1. Februar)

43   In winterlichen Tiefen
Erwärmt des Geistes wahres Sein,
Es gibt dem Weltenscheine
Durch Herzenskräfte Daseinsmächte;
Der Weltenkälte trotzt erstarkend
Das Seelenfeuer im Mencheninnern.

ИИ   Сорок третья неделя (26 января – 1 февраля)

43   В глубинах зимних
Согревается истинное духа Бытие;
Оно даёт проявлению Вселенной
Силами сердца власть Бытия;
И холоду Вселенной противостоя, крепчает
Огонь души внутри людей.

SS   Vierundvierzigste Woche (2. – 8. Februar)

44   Ergreifend neue Sinnesreize
Erfüllet Seelenklarheit,
Eingedenk vollzogner Geistgeburt,
Verwirrend sprossend Weltenwerden
Mit meines Denkens Schöpferwillen.

ЙЙ   Сорок четвёртая неделя (2 – 8 февраля)

44   Вбирая новые чувств побужденья,
Свершённое Духа рождение помня,
Хаотично пуская ростки становления мира
Преисполнит душевную ясность
Моё мышление с волей творца.

45   Es festigt sich Gedankenmacht
Im Bunde mit der Geistgeburt,
Sie hellt der Sinne dumpfe Reize
Zur vollen Klarheit auf.
Wenn Seelenfülle
Sich mit dem Weltenwerden einen will,
Muss Sinnesoffenbarung
Des Denkens Licht empfangen.

KK   Сорок пятая неделя (9 – 15 февраля)

45   Укрепляется власть мыслей
В союзе с рождением Духа,
К полной ясности просветляет
Притуплённые чувств побуждения.
Когда души преисполненность
Со становленьем мира слиться хочет,
Должно чувств проявленье
Мышления свет принять.

TT   Sechsundvierzigste Woche (16. – 22. Februar)

46   Die Welt, sie drohet zu betäuben
Der Seele eingeborene Kraft;
Nun trete du, Erinnerung,
Aus Geistestiefen leuchtend auf
Und stärke mir das Schauen,
Das nur durch Willenskräfte
Sich selbst erhalten kann.

ЛЛ   Сорок шестая неделя (16 – 22 февраля)

46   Мир угрожает заглушить
Силу врождённую души;
Теперь же ты явись, воспоминанье,
Сияя из глубин духовных,
И укрепи мне созерцанье,
Что лишь чрез силы воли
Само себя сумеет удержать.

UU   Siebenundvierzigste Woche (23. Febr. – 1. März)

47   Es will erstehen aus dem Weltenschoße,

Den Sinnenschein erquickend, Werdelust.

Sie finde meines Denkens Kraft

Gerüstet durch die Gotteskräfte

Die kräftig mir im Innern leben.

MM   Сорок седьмая неделя (23 февраля – 1 марта)

47   Хочет восстать из лона мира,

Явление чувств бодря,

Желание бытия.

Оно встречает силу моего мышления,

Укреплённую через божественные силы,

Сильно живущие во мне.

VV   Achtundvierzigste Woche (2. – 8. März)

48   Im Lichte das aus Weltenhöhen
Der Seele machtvoll fließen will
Erscheine, lösend Seelenrätsel,
Des Weltendenkens Sicherheit
Versammelnd seiner Strahlen Macht
Im Menschenherzen Liebe weckend.

HH   Сорок восьмая неделя (2 – 8 марта)

48   В свете, что из высот Вселенной
В душу влиться властно хочет,
Является, души загадки разрешая,
Вселенского мышления достоверность,
Соединяя власть лучей своих,
В сердцах людских любовью пробуждаясь.

WW   Neunundvierzigste Woche (9. – 15. März)

49   Ich fühle Kraft des Weltenseins:
So spricht Gedankenklarheit,
Gedenkend eignen Geistes Wachsen
In finstern Weltennächten
Und neigt dem nahen Weltentage
Des Innern Hoffnungsstrahlen.

ОО   Сорок девятая неделя (9 – 15 марта)

49   Я силу бытия Вселенной чувствую –
Так ясность мысли говорит,
Рост собственного Духа помня
Во тьме ночей Вселенной,
Свои лучи надежды
Склоняя близкому Вселенной дню.

XX   Fünfzigste Woche (16. – 22. März)

50   Es spricht zum Menschen-Ich,
Sich machtvoll offenbarend
Und seines Wesens Kräfte lösend,
Des Weltendaseins Werdelust:
In dich mein Leben tragend
Aus seinem Zauberbanne,
Erreiche ich mein wahres Ziel.

ПП   Пятидесятая неделя (16 – 22 марта)

50   Желанье становления Вселенной бытия
К Я-человека обращаясь,
При этом властно проявляясь
И силы сущности своей высвобождая:
Жизнь в тебе свою несу,
Из уз её волшебных
Я истинную цель свою достигну.

YY Frühling-Erwartung

51 Ins Innre des Menschenwesens
Ergießt der Sinne Reichtum sich,
Es findet sich der Weltengeist
Im Spiegelbild des Menschenauges,
Das seine Kraft aus ihm
Sich neu erschaffen muss.

PP Ожидание весны

51 Богатство восприятий чувств
В сущность человека изольётся,
Вселенский Дух себя найдёт
В зеркальном отраженьи ока человека,
Что силу из него свою
Должно вновь сотворить.

ZZ   Zweiundfünfzigste Woche (30. März)

52   Wenn aus den Seelentiefen
Der Geist sich wendet zu dem Weltensein
Und Schönheit quillt aus Raumesweiten,
Dann zieht aus Himmelsfernen
Des Lebens Kraft in Menschenleiber
Und einet, machtvoll wirkend,
Des Geistes Wesen mit dem Menschensein.

CC   Пятьдесят вторая неделя (30 марта)

52   Когда из глубин душевных
Дух обращается к бытию Вселенной
И красота исходит из пространства широт,
Тогда потянутся из далей небесных
Жизненные силы в тела людские,
И объединяет, воздействуя властно,
Духа сущность с бытием человека.

Книги Пьера Ализэ

www.pierrealizé.ch

Книга первая: «Вы не устали от заблуждений? Или парадоксы в современной науке
Выход за пределы системного мышления.
Непривычный взгляд на привычные вещи»

Книга вторая: «Выход на новый уровень чувств через призму нового мышления»

Книга третья: «Навстречу новому мышлению
Системное мышление – путь к ошибочным умозаключениям, к самообману»

Книга четвёртая: «Навстречу новому мышлению
Выход на новый уровень осознанности вселенских процессов через новый метод мышления»

Дальнейшая информация об авторе Пьере Ализэ

"Дипломированный регрессолог по духовным регрессиям в прошлые жизни по методу самого известного регрессолога Европы Урсулы Демармелс"

Пьер Ализэ (Петер Финк), Швейцария

+41 76 802 15 06 (WhatsApp, Viber)

www.spiritualregression.ch

info@spiritualregression.ch

Herstellung und Verlag:
BoD – Books on Demand, Norderstedt
ISBN: 978-3-7504-0370-3